AF313829

NOCES D'OR

DE

M. L'ABBÉ J. OUDRY

CURÉ-DOYEN DE LAGNY

Célébrées en l'Église de Lagny

LE 11 DÉCEMBRE 1886

VITRY-LE-FRANÇOIS

E. HURAULT, IMPRIMEUR-LIBRAIRE

—

1887

11 DÉCEMBRE

1836 - 1886

Exaudi, Christe :

JOSEPHO VITA

L. NÉRET.

Vitry-le-François (Marne), 1er Janvier 1887.

NOCES D'OR

DE

M. L'ABBÉ JOSEPH OUDRY

———

I

LES NOCES D'OR

Le Livre du Lévitique contient ce précepte :
« *Vous sanctifierez l'année cinquantième, car c'est
une année jubilaire.* » (Lév. xxv, 10.) Or, si dans
la durée du monde chaque demi-siècle doit être
marqué par quelque grande manifestation, n'est-il
pas raisonnable que dans la vie beaucoup plus res-
treinte des particuliers, la même période soit con-
sacrée par un acte religieux (1)?

Certes, s'il est bon de rappeler la naissance des
petits enfants qui sont devenus des hommes, il est
plus excellent encore de célébrer l'entrée dans la
vie sacerdotale de Celui qui est devenu le type du
Bon Pasteur; et s'il est d'usage, à l'occasion des noces
terrestres, d'assembler après 50 ans les enfants et

(1) Card. Pie, *OEuvres*, V, 458.

les arrière-petits-enfants pour rendre grâces dans des noces épurées qu'on nomme les *Noces d'or,* ceci convient merveilleusement au Sacerdoce qui confère à un homme la véritable paternité sur des générations d'âmes.

Pour le prêtre, 50 années de fidélité à une même vocation veulent dire beaucoup de grâces reçues, beaucoup de bienfaits distribués. « Aussi quand le vétéran du Sanctuaire, remémorant le jour à jamais béni de sa première messe, célèbre son demi-siècle de prêtrise, vainement voudrait-il se renfermer dans le mystère de sa piété privée et solitaire »; les peuples au profit et pour le service desquels il a vécu veulent s'associer à lui pour chanter à Dieu l'hymne de la reconnaissance.

« Célébrer ses *noces d'or sacerdotales,* c'est une grande faveur, c'est une faveur d'autant plus précieuse qu'il est assez rarement accordé aux ministres du Seigneur de pouvoir fournir une si longue carrière (1)! Aussi, qu'il est touchant de voir un vieillard aux cheveux blancs venir, après 50 années toutes remplies des œuvres de son zèle, renouveler les serments de sa première ordination. On comprend et on partage l'émotion du jeune prêtre jurant du fond du cœur un amour éternel, un dévouement immuable à Dieu et à l'Eglise, mais les appréhensions de l'avenir sont là pour paralyser la

____

(1) Lettre écrite le 8 décembre à M. Oudry par sa filleule, religieuse de l'Adoration Réparatrice.

joie. Rien de semblable dans la cérémonie des
noces d'or : l'amour a donné ses preuves ; dans les
labeurs du ministère, les cheveux ont blanchi :
symbole des œuvres accomplies, ils forment comme
l'auréole brillante qui inspire à tous ici-bas la vénération. »

Cette cérémonie, la paroisse de Lagny pouvait et
dès lors devait se la procurer, Lagny n'y manqua
point : le 11 décembre 1886 était le 50e anniversaire de l'ordination sacerdotale de son cher curé,
M. l'abbé J. Oudry, Lagny voulut sanctifier avec
lui l'année jubilaire.

MM. les Vicaires de la paroisse et les Curés du
canton de Lagny prirent l'initiative et convoquèrent
ainsi les paroissiens, anciens paroissiens, confrères, amis et parents du vénéré jubilaire :

Lagny, le   Décembre 1886.

Noces d'Or

—

M

Les vicaires de la paroisse et les curés du canton de Lagny vous prient d'assister, samedi 11 décembre, à dix heures, à la messe qui sera dite, en
l'église de Lagny, pour remercier Dieu des 50 années de sacerdoce accordées à M. l'abbé Oudry.

Ordonné prêtre le 11 décembre 1836.

Curé de Bussy-Saint-Georges, le 4 juin 1837.

Vicaire de Fontainebleau, le 1er janvier 1839.

Curé-doyen de Moret, le 2 décembre 1849.

Curé-doyen de Lagny, le 7 décembre 1851.

Chanoine honoraire de la cathédrale de Meaux.

Cette cérémonie sera présidée par Sa Grandeur Monseigneur l'Evêque de Meaux, accompagné de Sa Grandeur Monseigneur l'Evêque de Châlons-sur-Marne (1), et du Très Révérend Père Etienne Denis, abbé de la Pierre-qui-Vire, ancien vicaire de Lagny.

Les Vicaires,

CHEF (2). — CARNAULT.

Pour les Curés du canton :

TORCHET,

Curé de Chelles.

---

(1) Mgr l'Evêque de Châlons ne put réaliser le désir qu'il avait de prendre part au jubilé sacerdotal de son diocésain. C'eût été pour M. Oudry une grande joie de voir cette fête du 11 Décembre honorée de la présence de ses deux Evêques.

(2) Neveu du R. P. abbé de la Pierre-qui-Vire.

II

M. L'ABBÉ JOSEPH OUDRY

Le secret est rompu : Plusieurs ont révélé ce qu'ils savaient des 50 années de sacerdoce de M. Oudry ; écho doit être fait à ces révélations afin que les moindres détails de la fête du 11 décembre soient compréhensibles pour tous.

M. Joseph Oudry est d'origine champenoise : il naquit à Fromentières (canton de Montmirail, Marne) le 25 mars 1809 et fut baptisé le même jour. On pensait, il y aura bientôt 78 ans, que le nouveau-né n'avait que quelques instants à vivre. Sa pieuse grand'mère lui apprit de bonne heure à servir la messe ; il fit sa première communion à 12 ans et peu après fut confirmé par Mgr de Prilly, nouvel évêque de Châlons. — Ce diocèse venait d'être séparé de celui de Meaux (7 avril 1823).

Le jeune Joseph aimait beaucoup l'église et les cérémonies sacrées : on le confia à M. le Curé de Fromentières qui lui donna les premières leçons de latin. Mais, en 1828, quand le jeune Oudry voulut répondre à l'appel de son Dieu, il eut nombre d'obstacles à surmonter. On cite de lui ce mot à sa bonne mère qui croyait alors devoir le détourner de sa vocation : « *Non, je serai prêtre, j'irai plutôt à Rome, s'il le faut.* » Il s'y rendait 29 ans plus tard avec son évêque, Mgr Allou.

Joseph Oudry entra au séminaire de Meaux, au moment où Charles X chassait les Jésuites et tourmentait les séminaires. Ce fut M. de Lafond, chanoine titulaire de la cathédrale de Meaux. qui lui ouvrit les portes de ce pieux établissement où il fit toutes ses études.

En 1832 le séminariste allait avec ses condisciples les plus zélés soigner à domicile les pauvres attaqués du choléra : il fit l'apprentissage du dévouement et sut ce qu'il en coûte d'avoir un cœur d'apôtre. Le mal l'atteignit lui-même ; mais il respecta sa vie et il ne l'empêchera pas plus tard de reprendre sa mission d'infirmier à Fontainebleau, à Lagny, chaque fois que le choléra y viendra faire des victimes.

En 1834, ses supérieurs le chargent de porter, une fois la semaine, des secours aux prisonniers et de les catéchiser pendant les récréations comme il catéchisait les jeunes filles à la cathédrale.

1835 fut la grande année, l'année du sous-diaconat. Le minoré fit sans hésiter le serment solennel de n'être qu'à Dieu, et le 13 juin, Mgr Gallard, évêque de Meaux, lui conféra le premier ordre majeur. Le diaconat lui fut donné, la même année, le samedi des quatre temps de l'Avent.

C'est à l'œuvre qu'il faut maintenant considérer M. l'abbé Joseph Oudry. Ses supérieurs l'ont destiné au professorat : il quitte Meaux et se rend au séminaire d'Avon (près Fontainebleau); mais sa faible santé ne lui permet pas de rester plus de quatre mois dans cette agréable maison, il revient au grand séminaire, et de suite le médecin, M. Martineau, le renvoie pour mourir chez ses parents, en disant à M. le Supérieur: « *Quant à celui-là, vous êtes sûr de ne plus le revoir.* »

Savigny (près Reims) fut le lieu de retraite du jeune diacre condamné à mort. Son cousin, M. Oudry, curé de cette paroisse, sut si bien disputer à la maladie sa victime, qu'au bout de quelques mois l'abbé Oudry dut songer à se préparer à la prêtrise. Le presbytère du saint curé de Savigny était l'image du grand séminaire. M. l'abbé Oudry a souvent dit que rien ne profita plus à son âme que son séjour à Savigny.

Enfin l'heure a sonné : le 11 décembre 1836, M. l'abbé Joseph Oudry est ordonné prêtre à Reims par Mgr Etienne Blanquet de Rouville, évêque de Numidie, coadjuteur de S. E. le cardinal de Latil (1).

Six mois après son ordination, le 4 juin 1837, le jeune prêtre rétabli fut installé *curé de Bussy-Saint-Georges* en ce même canton de Lagny dont il devait quatorze ans plus tard devenir le chef. C'est là

(1) Les registres de l'Evêché de Meaux fournissent ici un renseignement inexact. — A la fin de cette année 1836 Fromentières n'avait plus de curé. Le maire M. Cotté et son conseil municipal fit tout son possible pour faire nommer curé de Fromentières le jeune prêtre, car, disait-il, « nous savons » qu'il n'a pas eu de jeunesse ».

que commencèrent les luttes et les travaux de sa
vie sacerdotale. La paroisse de Bussy était divisée,
la fabrique avait des dettes, il n'existait pas de
presbytère. Le jeune curé se mit à l'œuvre : il ré-
gularisa les comptes et budgets de la fabrique,
pacifia les esprits et put restaurer la maison du
chapelain de Louis Guibert, seigneur de Bussy au
XVI° siècle, pour en faire un presbytère.

L'année 1839 apporta au curé de Bussy pour
étrennes (1ᵉʳ janvier) sa nomination au *vicariat de
Fontainebleau*. Là encore il y avait à pacifier.
M. Oudry passa dix ans à Fontainebleau comme
vicaire de MM. Liautard et Charpentier (1). Il y
déploya la plus grande activité. Chargé du pensionnat des jeunes filles tenu par les sœurs de
Saint-Joseph de Cluny, il contribua beaucoup à la
prospérité de ce bel établissement : il y fit dépen-
ser en constructions nouvelles plus de 250,000 fr.

En 1845, le vicaire-aumônier n'hésita pas d'entrer en luttes ouvertes avec d'éminents personnages
qui ne voulaient pas comprendre les pieuses inten-
tions de la chère Mère fondatrice, et qui peut-être
auraient réussi, sans le vouloir, à anéantir la Congrégation. C'est ce qui faisait écrire à la R. M. Ja-
vouhey : « *L'abbé Oudry passerait dans le feu
pour nous soutenir.* »

A la fin de l'année 1849, Mgr Allou jugea M. Oudry digne d'occuper un poste où ses qualités pour-

(1) Voir le discours de M. Rabotin, page 53.

raient s'épanouir au premier rang : le vicaire fut
nommé *curé-doyen de Moret* et installé le 2 décembre. Dans le dessein d'assurer d'abord aux
jeunes filles une éducation complète, l'ancien au-
mônier de Fontainebleau attira bientôt les Religieuses de Saint-Joseph : avec elles il ouvrit dans
son presbytère une salle d'asile pour plus de cent
enfants, loua une maison pour une école libre et
gratuite, et remplaça à l'hospice une directrice
laïque qui avait rarement un malade à soigner et
qui pourtant ne faisait pas d'économies. D'autre
part le nouveau doyen agissait non moins active-
ment. Pendant deux ans, quatre mois l'année, il fit
chaque jour des conférences à 150 hommes de
quinze à cinquante ans qui se rendaient régulière-
ment dans une salle de danse abandonnée. Il avait
déjà commencé la restauration de la magnifique
église gothique de ce petit chef-lieu de canton, quand
il fut transféré à *Lagny* où il prit possession le
7 décembre 1851, presque à l'anniversaire de son
ordination sacerdotale. Il y a donc trente-cinq ans
que M. Oudry dirige cette paroisse.

Nous nous contenterons d'indiquer les œuvres si
nombreuses qu'il y a fondées :

Une association des *Dames de la Providence* pour
secourir les pauvres de la paroisse.

Une maison de *Sœurs de Bon-Secours* pour soigner les malades à domicile.

Un *hôpital* magnifique, sur ses conseils, fut

donné à la ville par une personne de bien. Les filles de la Charité continuent de s'y dévouer aux membres souffrants de Jésus-Christ ; l'administration et la municipalité, instruites par la fatale expérience faite à l'hôpital général de Meaux, ne sont pas tentées de laïciser cette maison hospitalière.

Un *pensionnat de jeunes filles*, dirigé par des dames fort respectables, fut cédé aux religieuses de Saint-Joseph de Cluny : cette institution a pris les plus heureux développements, surtout en ces derniers temps, par l'achat du pensionnat Fleury.

Une fort belle propriété, qui avait été donnée jadis à la nourrice du fils de Napoléon Ier, fut acquise en 1854 pour servir de *pensionnat de garçons*. Les Frères de la Doctrine chrétienne de Nancy y distribuent l'instruction la plus solide et la meilleure éducation à plus de deux cents internes.

Une *école libre de jeunes filles* et une *salle d'asile* tenues par les Sœurs de Saint-Vincent de Paul : un comité plein de zèle pourvoit à leur subsistance.

Mais l'œuvre capitale de M. Oudry fut la restauration de l'antique *abbatiale* bénédictine qui remplace les trois églises paroissiales de la cité : Saint-Sauveur, Saint-Paul, Saint-Furcy. Cet édifice a été complètement transformé et est maintenant l'une des riches églises du diocèse. Le doyen de

Lagny y a dépensé des sommes fabuleuses : voûte
de la grande nef, vitraux, tribune et orgue, cloches.
dallage et parquet sur bitume, grilles du chœur et
des chapelles, autels, chemin de croix. chaire, ornements, vases sacrés ; tout est dû à son habileté
à se procurer des ressources financières.

En même temps qu'il s'occupait de la maison de
Dieu, M. Oudry obtint d'une municipalité aussi
bienveillante qu'intelligente la reconstruction du
presbytère, dans des proportions assez vastes
pour offrir le logement au curé et à ses deux
vicaires.

Toutes ces entreprises (1) menées à bonne fin.
qui ont contribué non moins à la prospérité de la
ville qu'au bien de la paroisse. méritaient une ré-

---

(1) Extrait d'une lettre écrite au Conseil municipal par M. Oudry le
24 mai 1876. « Que peut-on reprocher au curé de Lagny ? »

» Il a fait une association de dames pieuses qu'il dirige depuis vingt-
quatre ans, pour secourir et consoler les pauvres de sa paroisse. Cette
association trouve, dans sa générosité et son travail, le moyen de faire
autant de bien que le bureau de bienfaisance, qui a 3,000 francs de
revenus.

» Il a établi des religieuses du Bon-Secours pour aller soigner à domicile les malades de sa paroisse, et il les soutient depuis quinze ans.

» Il a fondé deux beaux pensionnats, qui favorisent le commerce de la
ville et attirent les étrangers qui se fixent à Lagny, afin de confier à d'ex-
cellents maîtres et maîtresses plus de trois cents enfants.

» Il a dépensé plus de 200,000 francs pour restaurer et embellir notre
magnifique église.

» Il travaille depuis dix ans à doter notre hospice de 500,000 francs.
dont une partie (150,000) est déjà donnée pour reconstruire la maison des
pauvres. des malades et faire une *Sainte Périne*, qui offrira à nos bons
ouvriers économes et aux autres une retraite honorable.

compense. Mgr Allou attendit, pour la conférer, une circonstance solennelle : le jour où ce vénérable pontife célébra le cinquantième anniversaire de son ordination sacerdotale, *28 mai 1875*, M. Oudry reçut des lettres de *chanoine honoraire*.

Il a plu à la divine Providence de conserver à sa paroisse un pasteur dont les obstacles multipliés n'ont pas arrêté les projets, mais excité la ténacité. M. Oudry est devenu l'un des vétérans du clergé meldois : sur les 435 prêtres que compte actuellement le diocèse de Meaux, 10 seulement, dont 3 en retraite, sont plus âgés que lui, et 19 occupent leur poste depuis plus longtemps, dont 2 dans son propre canton de Lagny, M. Moreau, curé de Bussy-Saint-Georges depuis 1839, et M. Lemairre, curé de Montévrain depuis 1842. Par l'âge et par la promotion, M. Oudry est maintenant le *doyen des doyens et archiprêtres*.

Depuis trente-sept ans qu'il est curé de canton, tant à Moret qu'à Lagny, M. Oudry a eu vingt *vicaires* qui tous se sont félicités d'avoir été ses collaborateurs, car il les a constamment traités en fils plutôt qu'en subordonnés : trois d'entre eux l'ont précédé dans la tombe, après avoir quitté Lagny.

La *Semaine Religieuse de Meaux* a donné les noms des vicaires de M. l'abbé Oudry : nous les reproduisons ici comme on donne les noms de témoins qu'on peut consulter :

VICAIRES DE M. OUDRY

MM.	ENTRÉE en fonction	SORTIE	POSITION ACTUELLE
1° à *Moret* (de décembre 1849 à décembre 1851) :			
DESLIENS. . . .	1849	1851	*Archiprêtre* de Fontainebleau, *chanoine honoraire*.
GADON	1851	1853	*Curé-doyen* de Crécy.
2° à *Lagny* (depuis le 7 déc. 1851) :			
-†-MERCIER	1851	1854	Mort vicaire à Paris en 1880.
FAIVRE.	1854	1858	Curé de Saint-Soupplets.
LAPOULE	1857	1859	Curé de Saucy (V.-St-G.).
ROULLIER. . . .	1858	1862	Curé de Ferrières.
DENIS	1859	1863	Bénédictin, *abbé* de la Pierre-qui-vire.
DÉSOYER	1861	1864	Curé d'Avon.
-†-DESGRANGES . .	1862	1862	Mort jésuite en 1872.
BARBIER	1863	1868	Curé de Saint-Nicolas à Meaux, *chanoine honoraire*.
-† COUSIN.	1864	1873	Mort curé du Mesnil-Amelot en 1882.
BAHIN	1868	1872	Curé de Marolles-en-Brie.
SOILON.	1871	1874	Rédemptoriste.
MEAKES	1873	1877	Curé de Torcy.
MORAND	1874	1879	Curé de Choisy.
BOIZEAU . . .	1877	1884	Curé de Guignes.
ANGLARD	1879	1886	Curé de Pomponne.
ABOT.	1884	1885	Dominicain.
CHEF.	1885		
CARNAULT. . . .	1886		

M. MORTAGNE, qui eut le titre de vicaire de Lagny de 1859 à 1861 et fut ensuite curé de Nanteuil-sur-Marne.

M. CAILLOTELLE, qui eut le même titre de 1865 à 1868 et est aujourd'hui retiré à Tronville, au diocèse de Verdun.

M. JOUY, qui eut également ce titre de 1869 à 1870 et est maintenant professeur au petit séminaire d'Avon,
n'exercèrent pas réellement les fonctions vicariales, mais celles d'aumôniers, le premier à la colonie pénitentiaire de Montévrain, et les deux autres au pensionnat des frères.

Si d'un mot nous voulions résumer cette vie si féconde dont nous avons relaté ici les grands traits, nous emprunterions le mot du prophète :

A Domino factum est istud, et est mirabile in oculis nostris.

De telles merveilles sont vraiment l'œuvre de Dieu.

III

LA FÊTE JUBILAIRE DU 11 DÉCEMBRE 1886

Le cinquantenaire de M. le doyen de Lagny,
écrivait la *Semaine Religieuse* de Meaux (19 décembre), a dépassé par son éclat toutes les espérances. Cette fête personnelle au Pasteur, en fut
une pour toute la famille paroissiale dont il est le
père spirituel depuis trente-cinq ans. La ville entière montra par son empressement à y participer,
quelle place un curé tient dans sa paroisse, quoi
qu'on fasse en général pour l'amoindrir. Mgr l'Évêque
de Meaux rendait par sa présence un éclatant témoignage à une vie sacerdotale si bien remplie.

Les pauvres eurent les prémices de cette douce
journée : pour un curé une fête n'est pas complète
quand les malheureux ne partagent pas ses joies ;
aussi cent sept familles indigentes reçurent de
larges aumônes.

A dix heures précises, le cortège sortait du presbytère pour se rendre à l'église : la pluie l'empêcha
de se développer à l'aise sur la place. Les jeunes
filles de la ville, de l'École libre et du Pensionnat
Saint-Joseph ouvraient la marche : en tête de toute
procession catholique, on aime à voir le blanc batail-
lon des vierges. Derrière la croix venaient tous les
prêtres du canton, la plupart des anciens vicaires du

vénérable doyen et plusieurs curés des cantons voisins, entre autres M. Liégeois, curé de Jouy-le-Châtel, né comme M. Oudry en 1809, et M. Coquerelle qui fut son professeur au Petit Séminaire. Après eux se présentaient les doyens de Dammartin, de Crécy, de la Ferté-Gaucher ; MM. les Chanoines honoraires Torchet, curé de Chelles ; Papillon, curé-doyen de Tournan ; Pichelin, ancien doyen du Châtelet ; Barbier, curé de Saint-Nicolas, à Meaux ; Pougeois, curé-doyen de Moret ; Olivier, curé-archiprêtre de Sézanne (diocèse de Châlons) ; Bernard, curé-archiprêtre de Saint-Etienne de Meaux ; Desliens, curé-archiprêtre de Fontainebleau. M. Denis, chanoine titulaire, et M. Verdier, doyen du Chapitre, précédaient immédiatement le jubilaire qui tenait en main un cierge énorme orné d'une banderole avec ces mots : *Noces d'or. — 11 Décembre 1886*. Les parents de M. Oudry, parmi lesquels M. l'abbé Néret, vicaire à Vitry-le-François (Marne) ; les chefs de la municipalité et plusieurs conseillers municipaux ; les membres du Conseil de fabrique, du Comité de l'École libre de Saint-Bernard, de la Société de Saint-Vincent de Paul, des amis intimes et des paroissiens fermaient la marche.

Au seuil de l'église, M. Faivre, curé de Saint-Souplets, le plus ancien des vicaires de M. Oudry à Lagny, offrit l'eau bénite à Monseigneur accompagné de ses deux archidiacres.

Le temple saint était orné avec un goût parfait
qui faisait le plus grand honneur aux vicaires ac-
tuels, organisateurs de la cérémonie. C'était la fille
reconnaissante qui avait pris des vêtements de fête
pour célébrer avec toute sa gloire les *Noces d'Or*
de son vénérable père. Les dix grands lustres
gothiques échelonnés de la tribune au maître-autel
répandaient dans la nef principale la lumière de leurs
quatre à cinq cents bougies ; des oriflammes pen-
daient entre chaque ogive, au-dessous de l'élégant
triforium ; des massifs de fleurs agrémentés de
hauts candélabres encadraient le magnifique autel.
A douze piliers brillaient les croix dorées et les
bras à bougie posés par avancement d'hoirie en at-
tendant la consécration de l'église qui doit avoir
lieu l'été prochain : ce n'est pas, selon quelques
auteurs, rigoureusement liturgique, c'est sans
doute, ajoute la *Semaine Religieuse*, par un reste
des soi-disant libertés gallicanes qu'on a placé,
avant le temps voulu, ces appendices dus à une
offrande particulière.

Dans le sanctuaire, deux trônes étaient dressés,
l'un pour le premier Pasteur du diocèse, Mgr de
Briey, l'autre pour le Révérendissime Père abbé de la
Pierre-qui-vire, le père Dom Etienne, qui fut vicaire
de Lagny au début de son sacerdoce (1).

(1) Les armoiries de l'ancienne abbaye de Lagny se détachaient gracieu-
sement sur les draperies du trône du R. P. abbé. — Nous les avons fait
reproduire en tête de cette brochure pour consacrer l'alliance étroite qui
existe entre l'ancienne abbaye et la cure de Lagny.

Par suite d'une légère fatigue éprouvée peu auparavant, le héros de la fête crut prudent de ne pas célébrer lui-même la grand'messe : il ne pouvait être mieux remplacé que par le pieux bénédictin auquel il avait donné en 1884, à l'occasion de son élection comme abbé, une croix pectorale qui appartint jadis au saint archevêque de Sens, Mgr Jolly, dont la mémoire est encore bénie à la cathédrale de Meaux, et les bienfaits toujours vivants en Champagne. M. Oudry se plaça devant les degrés du sanctuaire, ayant à ses côtés MM. Verdier et Torchet, les membres de la municipalité et du bureau des marguilliers, et derrière lui sa famille.

Rarement, depuis qu'elle est église paroissiale, l'antique abbatiale avait réuni pareille assistance : les fidèles en remplissaient les vastes nefs : ce n'étaient pas des curieux attirés par une cérémonie qu'ils n'avaient jamais vue, mais des paroissiens fiers de l'estime témoignée à leur pasteur par le chef du diocèse et par tant de dignitaires et de curés. Dans la nef principale, la cornette blanche des *Filles de la Charité,* le voile noir des religieuses de *Saint-Joseph de Cluny* et des *Sœurs de Bon Secours* de Troyes tranchaient au milieu des paroissiennes émues. Dans la nef déambulatoire étaient assis les élèves du pensionnat des *Frères de la Doctrine chrétienne.* Les jeunes filles des sœurs de Saint-Joseph et de Saint-Vincent de Paul étaient dans les chapelles latérales.

A la condescendance montrée par Monseigneur
en venant présider cette fête jubilaire, Sa Grandeur
ajouta une marque de sympathie particulière à
l'abbé de la Pierre-qui-vire, en lui offrant d'officier
en sa présence avec tous les honneurs ponti-
ficaux. Tous les ecclésiastiques étaient heureux de
voir, sous ces voûtes élevées jadis par les Bénédictins de l'abbaye de Saint-Furcy, apparaître un
fils de Saint-Benoît dans toute la pompe d'un prélat ;
depuis un siècle bientôt, ces murs n'avaient plus été
témoins d'un tel spectacle. Le Révérendissime offi-
ciant avait pour prêtre assistant M. le curé de Saint-
Soupplets, pour diacre et sous-diacre M. le curé
d'Avon et M. le curé de Torcy, tous anciens vicaires
de Lagny. Quarante chanoines et curés occupaient
les stalles supérieures : dans les plus beaux jours
de son histoire la noble abbatiale n'abrita pas souvent un clergé aussi bien composé.

A la tribune était monté le chœur de chant des
Frères ; sous la direction habile de leurs maîtres,
ces jeunes virtuoses chantèrent avec une précision
parfaite. On remarqua surtout le cantique qui pré-
céda la messe et, à l'offertoire, un motet de circonstance emprunté à la parabole du bon Pasteur.
Il y avait dans ces voix se faisant l'écho de la vie
du vénéré jubilaire et répétant sous mille formes :
Ego sum pastor bonus, il y avait je ne sais quoi de
gracieux. Et puis c'étaient les enfants chantant
l'éloge de leur père, leur protecteur et leur ami.

Au *Kyrie*, un pain bénit vint donner à cette solennité de semaine un air d'office dominical.

Après l'évangile M. Rabotin, vicaire général, archidiacre du Gâtinais, ami de M. Oudry depuis cinquante-quatre ans, a prononcé avec une chaleur communicative une allocution qui a été écoutée avec un religieux silence. C'était, dans une esquisse rapide, l'histoire du long et si honorable ministère du vénéré doyen. Nous sommes heureux de pouvoir le donner plus loin.

Sous l'impression de cette élégante parole, le sacrifice eucharistique se poursuivit : le célébrant avait un somptueux calice dont le jubilaire s'était servi lui-même le premier, en disant le matin une messe basse ; c'est un don fait par les anciens vicaires et les prêtres du canton.

A la consécration, le grand orgue, sorti des ateliers des frères Stolz et qui a figuré avec honneur à l'exposition universelle de Paris en 1878, fut tenu par un frère qui fit ressortir la puissance et l'harmonie de ses jeux.

Le *Te Deum*, chanté avec l'entrain qu'engendre la joie chrétienne, couronna dignement cette émouvante réunion ; elle n'avait pas duré moins de deux heures pendant lesquelles régna dans toute l'assemblée le recueillement le plus profond. Chacun sentait que les noces d'or d'un Pasteur sont vraiment pleines de grâces, et pour celui qui en est l'objet, et pour ceux qui s'y unissent dans la prière. La

foule s'écoula lentement, comme à regret de voir
achevée cette manifestation religieuse qui fait honneur aux habitants de Lagny. Au sortir du temple
encore tout étincelant, plusieurs s'écriaient : *Quelle
belle fête! Quelles suaves émotions! la religion seule
en procure de semblables!*

Il est midi : les invités de M. le Doyen et sa
famille se rendent au pensionnat Saint-Laurent ;
une grande salle de 100 couverts y est préparée
avec un tact parfait : c'est l'œuvre du F. Hyacinthe.

Deux tables d'honneur se faisant face sont dres-
sées, l'une pour Mgr l'Evêque et les dignitaires,
l'autre pour M. le Doyen et ses parents ; les amis
occupent deux autres grandes tables parallèles.

M. Oudry est là chez lui et ce n'était point ailleurs
que devaient avoir lieu les agapes. Les pauvres
en leur famille, les vieillards au réfectoire de
l'hospice, les enfants des diverses écoles libres
apprécient une fois de plus la charité prévenante
de leur curé.

L'aiguille tourne et déjà plusieurs prêtres doi-
vent, en cette veille d'un dimanche, se préparer à
regagner promptement leurs paroisses. On attend,
car c'est la pensée de tous que le héros de la fête
va bientôt se faire entendre.

Il se lève, tous font silence. Il parle : aux accents
de la voix vibrante, le vieillard disparaît et les
Noces de diamant sont assurées.

Le toast de M. le Doyen de Lagny à Mgr de

Meaux, à M. le Maire, à tous ses paroissiens est
émaillé de traits charmants, d'allusions au passé
dont les unes font sourire et dont les autres lui
fournissent l'occasion de faire un acte de grande
vertu. Il rappelle à Monseigneur d'anciennes religieuses de Lagny à qui était appliqué ce mot célèbre : « *Toujours ensemble, jamais d'accord,* » et
dont l'esprit, ajoute-t-il, n'a peut-être pas encore
quitté la ville. — Il rappelle à M. le Maire les dis-
cussions affectueuses qu'ils eurent souvent ensemble
pour le bien de la cité. — Enfin, il demande pardon
à ceux que ses paroles et ses actes auraient pu
blesser durant ce demi-siècle de sacerdoce. — Mais
sa voix est couverte par des applaudissements :
c'était lui dire qu'il n'y avait pas matière à abso-
lution.

Si chacun n'eût écouté que son cœur, les toasts
n'eussent pas manqué de répondre : Mgr parla au
nom du diocèse; M. le Maire au nom de la ville;
M. Desliens au nom des anciens vicaires de M. Oudry; M. Torchet au nom des curés du canton;
M. Cassanet au nom du Comité des écoles libres,
et enfin M. Néret au nom de la famille et de l'Association des anciens élèves du pensionnat Saint-
Laurent.

La fanfare du pensionnat se fait alors entendre :
c'était pour les élèves le toast qui préludait au
Congé des *Noces d'Or.*

———◦———

IV

CORBEILLE DE NOCES

Les fêtes durent peu ici-bas. Elles apparaissent de loin en loin comme un sourire de la bonté de Dieu. Celle-ci néanmoins a son épilogue, elle durera tant que dureront les souvenirs de ce beau jour.

Il faut soulever le voile et parler de ces souvenirs. Les plus beaux et les plus précieux sont ceux qui sur l'autel serviront désormais aux fonctions sacerdotales de M. Oudry : un magnifique calice en vermeil, de superbes canons d'autel et un pupitre en bronze doré.

L'épouse, je veux dire l'Eglise, a reçu aussi ses cadeaux : déjà on a parlé des douze *croix dorées* qui avec les porte-bougies serviront à la prochaine consécration ; deux magnifiques statues seront là, comme monument des Noces d'Or : on a choisi deux anges gardiens conduisant, l'un un petit garçon, l'autre une petite fille, pour symboliser la fondation des deux pensionnats des Frères et des Sœurs.

Et ces souvenirs sont le fruit des souscriptions recueillies dans la ville (1). Chacun, les riches et

(1) Dire que la souscription des Noces d'Or s'est élevée à près de 3,000 francs, c'est faire le plus bel éloge des paroissiens de Lagny.

les pauvres, a voulu payer au Pasteur son tribut de reconnaissance.

Voici maintenant à côté de superbes bouquets dont le plus beau est celui des pauvres de l'hospice (j'excepte ceux de Ferrières), voici une gracieuse corbeille offerte par le couvent Saint-Joseph. On y a déposé pêle-mêle les nombreuses cartes, lettres, adresses, félicitations qui depuis huit jours sont arrivées au presbytère de Lagny.

C'est la *plus belle corbeille de noces*. Qu'il nous soit permis de jeter un regard indiscret au milieu de tant de témoignages. Ce petit opuscule, pour emprunter un mot connu, ne serait pas complet, s'il ne conviait le lecteur à goûter discrètement au charme de ce trop-plein de la reconnaissance.

Mais, j'ai trop promis, on ne veut me laisser prendre que quelques vers. La prose aurait bien son charme, mais il me faut me résigner à ne donner qu'une gerbe poétique.

A Monsieur l'Abbé Oudry

CURÉ-DOYEN DE LAGNY

pour ses Noces d'Or

Cinquante ans écoulés dans le saint ministère
Quand l'existence humaine est si courte ici-bas,
Cinquante ans de travaux, d'étude et de prière
    Souvent ne se rencontrent pas.

Dans ce monde où tout passe éphémère et rapide,
Un demi-siècle c'est presque l'éternité ;
Partout on voit le Temps, travailleur intrépide,
        Détruire avec activité.

Et quand, lassé, peut-être, en son œuvre fatale,
Pour l'un de nous, il semble un moment en son cours
S'arrêter..... vers le Ciel, de notre âme s'exhale
        Le bonheur de voir de longs jours.

C'est, Monsieur le Doyen, le but de cette fête
Qui, près de vous ici, réunit vos enfants.
Laissez-les contempler, de votre noble tête,
        La majesté des cheveux blancs.

Comme un nimbe d'argent elle vous environne ;
Nul diadème n'est plus beau pour nos regards !
Auréole effaçant la plus riche couronne
        Eclairant le front des vieillards,

Vous êtes un témoin parlant des jours d'épreuve
Que l'on a vus nombreux, lorsque l'on a vécu ;
Ainsi les longs rameaux ont vu passer le fleuve
        Sur le rivage parcouru.

De la vie, ici-bas, sont fréquents les orages.
L'homme devant la foudre et les éclairs brûlants
S'épouvante et frémit, et l'on voit les courages
        Quelquefois, hélas ! défaillants.

Vous, Monsieur le Doyen, vous avez, de la guerre (1),
Traversé, sans trembler, les instants périlleux ;
Et vous avez montré l'homme de la prière
    Surpassant les plus généreux.

On n'oubliera jamais le dévouement, le zèle
Qu'à tous, vous prodiguiez en ces temps de douleur ;
Vous avez tout donné, quel sublime modèle !
    Tout votre argent, tout votre cœur.

Ah ! devant ces Prélats, dont l'auguste présence
Revêt cet heureux jour d'un éclat solennel,
Disons, qu'à votre exemple, on aime mieux la France
    Quand on la sert près de l'autel.

Oui, Monsieur le Doyen, nous gardons la mémoire
De ces grandes leçons, elles auront leur fruit.
Vous avez notre amour, à défaut de la gloire.
    C'est plus sûr et fait moins de bruit.

Ainsi qu'on voit, au soir, le soleil en sa course
Dans les feux du couchant paraître s'arrêter...
Ainsi vous resterez, cette espérance est douce,
    Longtemps avant de nous quitter.

SOPHIE PASSANT.

Paris, 11 Décembre 1886.

(1) Voir la note suivante qui expose la conduite de M. Oudry lors de la
dernière invasion.

M. Oudry pendant l'invasion

N. B. Un article d'un journal peu suspect de cléricalisme (*Est-Banlieue*, 19 décembre) n'a vu, dans la cérémonie des Noces d'or, que justice rendue au dévouement de M. Oudry pendant la guerre. C'est déjà bien. Je cite son témoignage (il a été mis dans la corbeille) avant celui du héros lui-même :

« On peut dire que la cérémonie du 11 décembre a été splendide. M. Oudry doit se féliciter d'avoir eu une assistance aussi belle, aussi nombreuse. C'est que vraiment c'est un homme de bien, et la date néfaste de 1870-1871 n'est pas encore assez éloignée pour que l'on ne puisse se souvenir combien il s'est multiplié, afin d'éviter à ses semblables les lourdes calamités de la guerre. On se rappelle également qu'au mépris de son existence, il a sauvé de la chaîne quantité de prisonniers. Les hommes de ce genre ne meurent jamais, leur nom appartient à la postérité. »

Est-Banlieue fait bien d'évoquer ces souvenirs. Le *Publicateur* a manqué une belle occasion de se taire, car chacun vénère le cinquantenaire du 11 décembre comme prêtre et comme Français. Peut-il en être autrement quand on a lu une lettre du 24 mai 1876 adressée à M. Quillard, maire de Lagny, où M. Oudry fut obligé de faire valoir en ces termes, ses états de service. (*Les vicaires de Lagny et le conseil municipal*, p. 17 et 18.)

« Monsieur le Maire, en 1870, quand votre bra-
» voure sur les champs de bataille consacrait votre
» grade de capitaine et décorait votre poitrine de
» la Croix de la Légion d'honneur, le curé de La-
» gny a-t-il abandonné sa paroisse ? Non, il est
» resté à son poste avec ses vicaires pour consoler
» et encourager les onze ou douze cents habitants,
» moins prudents que tant d'autres, qui avaient
» abandonné la ville pour se sauver. Il a fait tout
» son possible auprès du prince Charles, frère
» du roi de Prusse, pour faire diminuer les ré-
» quisitions qui accablaient sa malheureuse pa-
» roisse.

» Il a préservé de la dévastation le plus de mai-
sons qu'il lui a été possible et a sauvé bien des
cachettes.

» Avec le petit nombre de courageux paroissiens
restés à Lagny, il a secouru nos pauvres prisonniers logés dans l'Eglise au nombre de 20,000. Il
a brouetté le fumier, vidé les baquets ; il aurait
servi, à genoux, ces pauvres enfants, si cela avait
été nécessaire.

» Il en a délivré tant qu'il a pu se procurer des
vêtements pour les déguiser, et cela au péril de
sa vie. Il les a nourris et logés au presbytère.

» Il a arraché à la prison : son maire, le comman-
dant de Vonne, M. le Curé de la cathédrale de
Meaux, un vicaire de Paris. Il a dépensé plus de
3,000 francs et n'a rien réclamé. »

Quand un prêtre a d'aussi beaux services, on
peut chanter aux jours de ses noces d'or :

Ah ! devant ces prélats dont l'auguste présence
Revêt cet heureux jour d'un éclat solennel,
Disons qu'à votre exemple *on aime mieux la France*
    Quand on la sert près de l'autel.

Au milieu des Toasts portés pendant le banquet,
une muse se fit entendre pour chanter les Noces
d'or de M. Oudry. *Front chauve*, figure martiale,
voix sonore, tout le monde a reconnu M. l'abbé
Hétet, prêtre missionnaire fixé depuis peu à Thori-
gny.

Il s'excuse, mais à quoi bon ? Sa gerbe poétique
a grossi avantageusement celles que contenait
déjà la *Corbeille :* il faut ici en répandre le parfum.

NOCES D'OR de M. le Doyen de Lagny

BUSSY, FONTAINEBLEAU, MORET, LAGNY

Presqu'inconnu de vous, je devrais mieux me taire.
Je serais plus certain de ne pas vous déplaire.
Aujourd'hui pour parler, il me faut de l'aplomb.
Je manque de toupet et n'ai plus que du front.
Vous avez entendu tant de voix éloquentes
Murmurer à vos cœurs des choses émouvantes !
Qu'il me faut être osé pour venir à mon tour,
Par quelques vers boiteux chanter un si beau jour.

Mais le cœur sait oser ; et, pour lui quand il aime,
L'impossible devient la facilité même.
Le héros de mon chant ? il est là devant vous,
Et puisque nous l'aimons, applaudissons-le tous.
Sur son front rayonnant, sa couronne blanchie
Dans les rudes labeurs d'une étonnante vie,
Nous dit éloquemment qu'au pied du Saint Autel,
Durant un demi-siècle, aux yeux de l'Eternel,
Il fut du Sacerdoce et le plus beau modèle,
Son plus vaillant champion et son gardien fidèle.
Avant de s'élancer sur ce noble chemin
Que devait lui tracer Jésus le Roi divin ;
Dès la première étape, et à Bussy-Saint-Georges
Et Bussy-Saint-Martin, il conquiert des éloges ;
Sait de ces deux patrons de foi, de charité
Imiter les vertus, copier la piété.
On y verrait encor les traces de son zèle !
Et son vieux successeur a trouvé la part belle (1).
Aussi vingt ans plus tard, un cœur reconnaissant
S'écriait plein de foi dans un pieux élan :
« Quand la première fois, de la main de ce Prêtre
» On a reçu son Dieu, le souvenir pénètre
» Si bien l'âme et le cœur, qu'on ne peut oublier
» Le Dieu qu'on a reçu, celui qui l'a donné. »
Pouvait-on décorer d'un plus beau témoignage,
Ce vrai prêtre de Dieu méritant ce langage ?
Trop grand pour demeurer dans ce petit berceau,
Il en sortit bien vite, et vers Fontainebleau

(1) M. Moreau, présent, curé de Bussy depuis 1839.

Il dirigea ses pas. Enfant d'obéissance
Il se soumit sans peine, et l'on savait d'avance.
Que dans ce nouveau poste, il serait à hauteur
Pour exercer sa charge avec son noble cœur.
Sur ce plus vaste champ, son zèle apostolique
Prit un nouvel essor dans une lutte épique.
Il n'eut qu'à s'avancer sous le puissant regard
D'un maître merveilleux, le Père Liautard.
C'est là qu'il prit le goût de ses œuvres si belles,
Qui glorifieront Dieu et seront immortelles.
Et là, comme partout le souffle de la foi,
Alimenta sa vie et fut sa seule loi.
Bientôt ses supérieurs, pour d'autres destinées
Le réservent encor; d'autres âmes confiées
A ses habiles mains de Père et de Pasteur,
Vénéreront en lui le Prêtre du Seigneur.
Son évêque a parlé. Prêt à l'obéissance
Et sur un simple mot, sans plus de résistance.
Il va porter ailleurs, aux âmes de Moret
La foi qui fait tout vivre et par qui tout renaît.
Il n'a fait qu'y passer, et son nom qu'on vénère
Est gravé dans les cœurs comme celui d'un Père.
Après tant de travaux, de luttes, de combats,
Sur un plus grand théâtre, il va porter ses pas.
Le combattant est prêt, et sa vertu mûrie
Va pouvoir enfanter d'autres œuvres de vie.
Un simple signe encore, et cela lui suffit,
Il s'arrache à Moret et aborde à Lagny.
Désormais pour Lagny — l'objet de sa pensée —

Il ira jusqu'au bout de sa vie épuisée.
Il veut au malheureux un asile royal ?
Il fait sortir de terre un superbe hôpital.
Mais l'enfance surtout émeut son cœur de prêtre,
Il sacrifiera tout pour lui faire connaître
Le Dieu dont l'amour seul peut faire le bonheur
En divinisant l'âme, en fortifiant le cœur.
Aux fillettes il rend d'incomparables Mères,
Il dote les garçons d'infatigables Frères.
Malgré la résistance opposée à ses vœux,
Il accomplit son œuvre et en bénit les cieux.
N'est-ce pas suffisant pour remplir l'existence,
Que tant de longs travaux pas exempts de souf-
                                        [france?
Non. Il faut au Saint Prêtre, à l'ami de son Dieu
Restaurer le Saint Temple, orner le divin Lieu.
Son cœur est satisfait, son âme est assouvie,
Quand il a couronné sa merveilleuse vie,
En abritant son Dieu sous un beau monument,
Digne de l'Infini, du Seigneur Tout-Puissant.
Pour tant de saints travaux, le Dieu de la promesse
A son grand serviteur devait une largesse.
Que pouvait-il de mieux — pour un si beau trésor —
Que de lui accorder les Saintes Noces d'Or?
Ah ! tu peux être fier dans ta belle vieillesse !
Si le premier Pasteur de ce cher Diocèse,
Bienheureux aussi, lui, de ton long dévouement,
Est venu parmi nous avec empressement
T'aimer et te bénir, nous joignons nos prières

A celles de son cœur. Les vœux les plus sincères
Partent vers le Seigneur de nos âmes à nous,
Pour que tu sois longtemps notre modèle à tous.
Durant ces tristes jours où ce beau nom de Prêtre
Soulève tant de rage et au cœur la fait naître,
Puissions-nous pleins de foi, suivant ta noble trace,
Laisser des souvenirs qu'ici-bas rien n'efface.
                              [exploits,
Puissions-nous toujours être en nos plus saints
Comme Toi des Vaillants, et de fiers Champenois.

Joseph Hétet,
Prêtre-Missionnaire.

La *Corbeille* a considérablement grossi : les absents n'ont point voulu se laisser dépasser, et au sein de leurs ministères se sont ingéniés à donner au jubilaire les marques de leur vive affection. Ainsi entre cent autres, voici l'adresse toujours poétique d'un ancien vicaire : le P. Abot des Frères-Prêcheurs.

De Nîmes, il envoie son adresse.

PÈRE

J'ai vainement ce soir essayé de rimer,
Aucune muse en moi n'a déversé sa flamme ;
Je ne saurais d'ailleurs jamais vous exprimer
Tous les vœux qu'en ce jour formule ma pauvre âme.

Mais si se tait ma lyre, aux noces du pasteur,
Le plus tendre des fils vient apporter son cœur.
Demandant au Seigneur en son humble prière
D'éterniser pour lui le bonheur sur la terre.

PÈRE

Vous recevrez mes vœux sans souci de la rime.
S'ils sont trop mal rendus, c'est la faute à mon cœur.
(Ce que l'on sent le mieux, rarement on l'exprime,
Toujours au fond de l'âme il reste le meilleur.)
Or, ce meilleur en moi que je garde et que j'aime,
Pourquoi dans ce beau jour le tairais-je à vous-

Il contient le passé, le présent, l'avenir.   [même?
Nul autre ne pourra le ternir ou l'éteindre,
Et pour dire en un mot ce qui ne peut se peindre,
Tendre père, écoutez : C'est votre souvenir !

Nîmes, 11 décembre 1886.

FR. A. ABOT,
Des Frères-Prêcheurs.

Mais la corbeille recèle bien d'autres surprises :
voici maintenant l'humble présent d'un fils à son
père ; c'est un hommage d'auteur, c'est un livre
qui s'est réservé de paraître pour le glorieux anniversaire du 11 décembre. La reliure en est riche :
sur les gardes de soie se lit cette dédicace :

11 Décembre
1836-1886
Exaudi, Christe
JOSEPHO VITA

M. l'abbé Néret a réuni les impressions et souvenirs de son voyage en Palestine et les a fait publier à la mémoire de son cher cousin.

Mlle Marie Moret, également parente de M. Oudry, offrit de son côté au jubilaire un beau et grand portrait peint à l'huile.

Dussé-je passer pour indiscret, je choisirai encore dans la *Corbeille de Noces* quelques fleurs dont le parfum embaumera les dernières pages de cette brochure.

Les *fleurs de l'amitié*, je les cueille dans une lettre charmante de M. Charles Naudin, membre de l'Institut, chevalier de la Légion d'honneur.

Antibes, 9 décembre 1886.

Cher Monsieur Oudry,

De loin comme de près, je prends part à vos joies et à vos tristesses, quoique je ne vous le dise pas souvent, mais je ne veux pas garder le silence dans la circonstance solennelle de vos noces d'or. C'est un bonheur qui n'arrive pas à tout le monde.

Cinquante ans de prêtrise ! Cela compte, et s'il dépendait de moi, je voudrais vous en donner encore autant à courir, bien entendu sans les décadences et les infirmités de la vieillesse. Ce souhait, que pourtant je n'ose pas faire, n'est pas en dehors du possible. Il y a quelques mois est morte une bonne femme, ancienne cantinière des armées de la République et du premier Empire, âgée de 124 ans, et conservant jusqu'au bout l'usage de ses facultés. Si, comme M. Chevreul, vous atteignez la centaine, souhaitez de n'avoir pas à subir une corvée de fêtes comme celle à laquelle il a dû se prêter. Il y avait de quoi assommer un homme vigoureux, et il faut qu'il soit bien exceptionnellement robuste pour y avoir résisté.

Heureusement vous n'êtes pas exposé à ce danger. Votre cinquantenaire se célébrera en petit comité, au milieu d'un cercle d'amis, empressés de vous faire agréer leurs vœux. Ce sera une journée de joie sans mélange, à laquelle nous nous associerons ici de tout cœur, malgré la distance.

Et cependant, malgré tout, on ne peut s'empêcher de jeter un regard sur le passé, et ce regard évoque bien des regrets. Que d'amis disparus depuis 50 ans ! Que de personnes aimées nous ont quittés pour entrer dans leur éternité ! Et nous voyons s'élargir sans cesse le vide autour de nous. Ce serait désespérant sans l'espoir de se retrouver tous un jour dans un monde plus stable que celui-ci.

. . . .

. . . .

La lettre d'une ancienne élève du couvent de Fontainebleau, aujourd'hui assistante de la Supérieure générale des Sœurs de Saint-Joseph, me fournit les fleurs non moins suaves de la *Reconnaissance* :

MON CHER PÈRE EN NOTRE-SEIGNEUR,

Mon cœur garde pieusement le souvenir de vos bontés et du soin que vous avez pris de ma pauvre âme. C'est vous qui m'avez appris à aimer Notre-Seigneur de la plénitude de mon cœur, c'est vous qui m'avez aidée à sanctifier des moments difficiles, c'est vous qui m'avez consolée dans mes peines dont le souvenir est toujours présent, et ce que vous avez fait pour votre vieille fille, vous l'avez fait pour beaucoup d'autres, parce que la charité de Notre-Seigneur a toujours rempli votre âme de Père et de prêtre ; aussi comme samedi prochain (11 décembre), je vais mettre aux pieds de Notre-Seigneur ces cinquante années si remplies de bonnes œuvres, demandant pour vous, mon bon Père, autant de grâces que vous avez prononcé de paroles de foi, d'espérance et d'amour de Dieu et du prochain ; et je ne doute pas qu'avec une si belle offrande,

je n'obtienne toutes les grâces de prédilection et de choix que
je vous désire, comme témoignage de ma filiale gratitude.

J'ai écrit à X. et à X.... Nous sommes, il me semble, vos
plus anciennes filles, nous avons donc plus reçu et nous con-
servons aussi une reconnaissance toute filiale et qu'aucune
autre n'égalera. . . . .

. . . .

Un des anciens compagnons d'armes de M. Oudry
dans les luttes soutenues pour fonder à Lagny le
pensionnat Saint-Laurent déposa dans la *Corbeille
de Noces* mieux qu'une fleur, une *branche de laurier*.
Je qualifie ainsi la lettre du C. F. Chrétien.

Vénéré Monsieur le Doyen,

..... De Nancy, j'assisterai en esprit à la solennité que vous
allez célébrer. J'ai fait, il y a si peu de temps, le voyage de
Lagny, qu'il y aurait abus, véritablement, de solliciter une nou-
velle licence pour y retourner. Je vous prie, vénéré Monsieur,
d'en agréer mes plus humbles excuses. Du reste, le très cher
frère Paul (1), à qui revient cet honneur, y représentera dignement, nous l'espérons, notre congrégation. Car, nous ne
saurions l'oublier, c'est à votre généreux, actif et sympathique
concours qu'elle doit la fondation et le développement du
pensionnat Saint-Laurent. . . . .

. . . .

Il faut borner ici notre description de la *Corbeille
de Noces*. Nous en avons vu assez pour avoir le
droit de rappeler les paroles de la sainte Écriture
qui semblent avoir inspiré tous les cœurs :

*Laudemus viros gloriosos, pulchritudinis studium
habentes. Hi viri misericordiæ sunt quorum pietates*

(1) Ancien supérieur général.

*non defuerunt ; cum semine eorum permanent
bona.*

« Louons l'homme glorieux qui a eu le goût des
belles choses. Il fut aussi un homme de miséricorde ; ses œuvres de piété n'ont pas connu de
défaillance ; le bien qu'il a fait subsistera toujours. »

⸻ ⚬ ⸻

V

UN SOUVENIR DE FAMILLE

N'est-il pas juste de rappeler ici d'autres noces d'or sacerdotales, celles-là même qui furent pour le jubilaire du 11 décembre 1886 le sujet d'une si grande joie? M. l'abbé J. Oudry, du diocèse de Reims, tint d'ailleurs une trop grande place dans le cœur de son cousin, M. Oudry, doyen de Lagny, pour ne pas être ici l'objet d'un souvenir tout spécial.

Ouvrons donc le *Bulletin religieux de Reims* (23 juillet 1878) et transcrivons :

« VANDIÈRES. — Mardi, 2 juillet, de la crête du vieux Châtillon aux bords sinueux de la Marne, on pouvait entendre les volées joyeuses et répétées des cloches de Vandières. Cette paroisse fêtait le jubilé sacerdotal de son digne et vénérable pasteur, M. l'abbé Oudry. Vingt prêtres étaient venus lui faire une couronne d'honneur; ils avaient à leur tête M. l'abbé Butot, vicaire général de Monseigneur l'Archevêque de Reims. Dans le défilé de la procession, on remarquait plusieurs dignitaires : MM. les doyens de Châtillon, de Lagny, de Ville-en-Tardenois, M. Létoffé, ancien doyen d'Orbais, et M. l'abbé Champenois, chanoine honoraire de la cathédrale; puis venaient MM. les curés de Savi-

gny, de Mareuil-sur-Ay, de Villers-sous-Châtillon,
de La Neuville, de Cuchery, de Pourcy, d'Olizy, de
Romigny, de Troissy, et M. l'abbé Néret, tonsuré
de la veille, cousin du vénéré jubilaire. M. Desrousseaux, conseiller général de la Marne et maire
de Vandières, revêtu de son écharpe, marchait en
tête du conseil municipal ; M. Legras, ancien notaire, conduisait, à son titre de président, le conseil de Fabrique ; M. Rossé, notaire du lieu, nombre d'habitants et de fidèles faisaient cortège à leur
bon curé, montrant par cette démarche commune
l'unanimité de leurs sympathies.

» La messe solennelle fut chantée par M. l'abbé
Oudry ; à l'évangile, M. le Vicaire général monta
en chaire. Avec un grand bonheur d'expressions et
une cordialité bien expansive, il mit sous les yeux
de son auditoire, plus d'une fois ravi, le portrait
du prêtre tel que l'avait créé Jésus-Christ et du
prêtre tel que l'avaient connu en cinquante ans
deux paroisses, celles de Savigny et de Vandières.

» Saisissant fut le parallèle entre le jeune lévite
qui, en 1828, se levait, humide encore de l'onction
sacerdotale, pour monter au saint autel, et le prêtre aux cheveux blancs qui aujourd'hui encore tenait élevé entre le ciel et la terre l'hostie sainte et
le calice du salut.

» Le fait du prêtre partout répandu et partout
l'ouvrier et l'infatigable champion de la civilisation

catholique, inspirait à l'orateur deux magnifiques comparaisons. En voyant dans nos édifices la pierre, fondement et clef de voûte du vaisseau, on juge que l'architecte a reconnu la pierre comme un élément nécessaire de solidité ; ainsi, dans ses desseins secrets, la Providence des âmes, en faisant partout apparaître le prêtre, semble le juger nécessaire pour servir de lien à la société humaine et la cimenter fortement. De même encore, une fleur mille fois épanouie dans un parterre ne prouve-t-elle point l'affection toute particulière de qui l'a plantée ; et pourquoi cette fleur du sacerdoce, partout présente dans le jardin de l'Eglise, ne démontrerait-elle pas l'amour privilégié du Seigneur pour ce qui est la vie et l'arôme céleste du monde social ?

» M. le vicaire général, après avoir indiqué à grands traits d'où vient le prêtre et où il va, s'adressa directement au héros de la fête, lui exprimant les hautes félicitations de son Archevêque. Il se fit ensuite l'interprète de ses propres vœux, vœux dictés par plusieurs années de relations intimes ; puis il donna voix aux souhaits des prêtres et aux sentiments de la population en adjurant le Dieu de l'Eucharistie de prolonger dans l'avenir la vie utile et bienfaisante de son pieux serviteur.

» M. le curé continua la messe. On ne pouvait qu'admirer la belle prestance de ce prêtre, qui garde, avec des traits d'une grande douceur, une taille droite, une voix sonore et agréable.

» Après la messe, deux statues, l'une du Sacré-
Cœur, l'autre de saint Eloi, furent bénites solennel-
lement ; elles resteront comme les deux monuments
commémoratifs de cette cinquantaine de prêtrise.

» Par quelques paroles émues et cordiales, M. le
curé manifesta sa joie, son bonheur et sa reconnaissance, s'estimant très heureux de la bénédiction de son Archevêque et de l'attention délicate
dont il avait été l'objet de la part d'un de ses grands
vicaires, son ancien doyen.

» Un banquet de quarante couverts réunit autour
de M. le curé de Vandières le clergé, la municipalité et les notables du lieu. Des toasts de félicitations
furent portés à Mgr l'Archevêque et à M. le curé, par
M. le Doyen de Lagny, M. Desrousseaux, M. l'abbé
Butot et M. le curé de Troissy, hommages sincères
d'un respect bien mérité et vaillamment conquis.

» Telle fut, concluait le *Bulletin de Reims*, cette
fête touchante, qui prouve hautement les racines
vivaces du sacerdoce catholique au milieu des
populations, fête trop pâlement décrite mais qui
renverra néanmoins à M. l'abbé Oudry des vœux et
des souhaits de tous les points du diocèse. »

Ces Noces d'or ne devaient point être suivies des
Noces de diamant. Quatre ans plus tard, le 2 février
1882, la paroisse de Vandières était en deuil et
conduisait au champ du repos Celui dont la vie
sainte a laissé chez ceux qui l'ont connu un si
profond souvenir.

VI

DISCOURS PRONONCÉ LE 11 DÉCEMBRE

par M. l'Abbé Rabotin, Vicaire général

A L'OCCASION DES NOCES D'OR DE M. LE DOYEN DE LAGNY, EN
PRÉSENCE DE MGR DE BRIEY, ÉVÊQUE DE MEAUX, ET DU R. P. DOM
ÉTIENNE, ABBÉ DE LA PIERRE-QUI-VIRE.

Nous avions éprouvé une peine secrète à ne
voir pas figurer dans le récit des Noces d'or
(*Semaine religieuse de Meaux*), le discours de
M. l'abbé Rabotin. Nous avons pris sur nous de
le demander à son auteur et nous sommes heureux
de le pouvoir reproduire. Ça a été et ce sera le plus
beau bouquet des Noces d'or.

Ce discours a une préface, c'est la lettre même
que m'écrivit en me le communiquant, M. l'abbé
Rabotin.

ÉVÊCHÉ

DE

MEAUX

-†-

22 décembre 1886.

Mon cher Monsieur l'Abbé,

J'ai refusé mon manuscrit à la *Semaine religieuse* pour plusieurs raisons.

Je ne vous le refuse pas, à cause de l'affection
qui m'attache depuis si longtemps à votre cher
cousin.

Il m'a été doux et très doux de mettre au grand jour tout le bien que Dieu a fait par ce bon prêtre, par ce zélé pasteur.

Je suis heureux et fier d'être son ami ; mais, en parlant de lui comme je l'ai fait, ce n'est pas tant l'amitié que la vérité qui m'inspirait.

Vous êtes jeune à côté de votre cher cousin. Son souvenir, j'en suis sûr, vous fera du bien ! Puisse mon discours, tout imparfait qu'il est, contribuer à vous pénétrer du désir d'imiter par votre zèle, par votre sacerdoce irréprochable un parent qui honore si glorieusement votre famille ! . . . .

Discours de M. Rabotin

Monseigneur (1).

Soyez béni pour la gracieuse condescendance avec laquelle vous avez daigné vous offrir comme président de cette fête qui nous est si chère ! Soyez béni, vous aussi, Révérendissime Père abbé de la *Pierre-qui-vire* (2) ! votre Paternité n'a pu résister aux entraînements de votre vieille et toujours vive affection pour votre ancien doyen : vous êtes venu malgré tous les obstacles. Soyez béni ! Soyez bénis, prêtres accourus de tous les points du diocèse pour faire couronne à votre Evêque et unir vos cœurs à son cœur, dans la profonde sym-

(1) Mgr de Briey, évêque de Meaux.
(2) R. P. Dom Etienne, ancien vicaire de Lagny.

pathie que nous professons tous envers un de nos plus honorés confrères.

Et vous aussi, chrétiens mes FRÈRES, soyez bénis pour être venus en si grande foule donner à votre Pasteur le témoignage de votre vénération et de votre tendre attachement.

Mais quelle est donc cette fête? quelle est cette solennité qui rappelle la beauté des plus saints jours de la Liturgie catholique? La maison de Dieu est parée de toute la magnificence de ses pompes, de l'éclat de ses plus riches ornements. Pourquoi ces lumières, cette verdure, ces fleurs? Pourquoi les cloches ont-elles fait entendre des accents si multipliés et leurs accents les plus joyeux?

Encore une fois, quelle est cette fête si solennelle, dans un jour qui n'est même pas le jour du Seigneur?

Mes frères, c'est la fête de la reconnaissance et c'est votre digne Pasteur qui en est le héros!

Or, vous le savez (par expérience, j'aime à le croire), la reconnaissance ne peut rester captive dans des cœurs bien nés; elle tend irrésistiblement à se produire au dehors.

Plus le bienfaiteur est élevé en dignité; plus les bienfaits reçus sont riches et précieux, plus la reconnaissance, vivement sentie, veut éclater dans ses manifestations.

Et dans la circonstance qui nous réunit aujourd'hui, quel est le bienfaiteur dont nous avons à reconnaître et à célébrer les bienfaits ? Quels sont ces bienfaits ?

Le bienfaiteur, c'est Dieu ; les bienfaits, ce sont les bénédictions de Dieu.

Votre modestie, bien-aimé confrère, aurait volontiers, je le sais, laissé passer dans l'obscurité des jours ordinaires, ce touchant anniversaire. Vous vous seriez contenté de répandre devant Dieu vos actions de grâces dans le recueillement de votre oraison, ou en vous mettant seul devant le tabernacle dans le silence du sanctuaire.

Ce n'était pas possible : il aurait fallu que nous fussions tous, — ou dans l'ignorance de ce qui vous intéresse le plus, — ou endormis dans l'indifférence à votre égard. Non, non, c'était impossible.

Et un ange nous a appris qu' « *il est bien, qu'il est beau de révéler les merveilles de Dieu et de les célébrer.* » (Tob., xii, 7.)

Votre grande fête est la fête de tous ceux qui vous aiment : cette réunion imposante vous le prouve.

Faisons donc connaître, pour le célébrer dignement, tout ce que nous rappelle le 50° anniversaire de votre consécration sacerdotale, et révélons dans une esquisse rapide, tout ce qui a signalé cette longue période de votre existence.

Mais que votre humilité ne s'alarme pas ; comme ces vieux chroniqueurs qui, en racontant les exploits de nos preux chevaliers du moyen âge, ne

voyaient que l'*œuvre de Dieu, gesta Dei*, accomplie
par leur bravoure, nous n'attribuerons qu'à Dieu
les faits et gestes de votre long ministère ; à Dieu
seul nous en rendrons gloire.

Que sommes-nous, en effet, que les instruments
de sa volonté suprême ? Heureux si nous en sommes
les instruments dociles !

Il y a 50 ans, mes frères, exactement à pareil
jour, 11e de décembre 1836, un jeune diacre de
Meaux, préparé par les épreuves du séminaire,
était prosterné aux pieds du coadjuteur de Reims.

Il écoutait religieusement le prélat lui parlant
du *redoutable fardeau du sacerdoce*, l'exhortant à
bien comprendre le mystère qui allait s'accomplir,
le conjurant d'être toujours le digne coopérateur
de son évêque.

Et le pontife, après avoir imposé les mains au
jeune diacre, le revêtit pour la première fois de
l'habit sacerdotal, *symbole de la charité* (Pontifical),
et l'investit au nom de Dieu du double pouvoir de
consacrer, à l'autel, le pain et le vin du sacrifice
et de réconcilier avec Dieu les pécheurs repentants
par le sacrement de la pénitence.

Et le diacre se releva prêtre, et prêtre pour
l'éternité.

Les dernières paroles du pontife furent celles-ci :
« *Que la bénédiction du Dieu tout-puissant, Père,
Fils et Saint-Esprit, descende en vous, afin que vous
soyez béni dans l'Ordre sacerdotal !* »

Ce jeune diacre, élevé ainsi au sacerdoce, était l'abbé Joseph *Oudry*, prédestiné, dans les desseins de la Providence, à être, un jour, père et pasteur de vos âmes.

Vous vous demandez, peut-être, pourquoi ce fut à Reims qu'il fut ordonné.

Châlons était son diocèse d'origine, et Châlons l'avait donné à Meaux, par une raison de prudence exagérée dont il eut plus tard juste raison de se repentir (1).

Au jour où il recevait le *fardeau du sacerdoce*, *onus sacerdotii*, il était malade au sein de sa famille. Les supérieurs ne consentirent même à son ordination que pour récompenser et réjouir sa piété par les consolations de la sainte messe.

Son état de santé inspirait de graves inquiétudes. Mais Dieu, dont il devenait le ministre, avait des vues sur lui. La grâce et les joies de son ordination ranimèrent ses forces et son courage ; quelques mois plus tard, il revenait à Meaux se mettre à la disposition de son Evêque.

La petite paroisse de *Bussy-Saint-Georges* fut confiée à ses soins.

Le voilà donc entré dans la carrière avec ce sentiment profond du devoir, avec cette intention droite et surnaturelle que Dieu bénit et récompense

(1) Joseph Oudry avait commencé ses études chez un prêtre que Mgr de Prilly fut obligé d'interdire en 1829. — En décembre 1836 Mgr de Prilly lit ordonner à Reims les jeunes diacres de son diocèse.

toujours. Mais il ne fait que passer à *Bussy*. Il y resta juste assez pour montrer déjà tout le bien qui était dans son cœur, assez pour y laisser, avec des regrets, un souvenir dont le parfum ne s'est jamais perdu ; assez surtout pour se faire connaître à ses supérieurs.

Mgr Gallard l'enleva à sa chère petite paroisse pour l'attacher (en 1839) à l'église de Saint-Louis de Fontainebleau, en qualité de vicaire.

M. Liautard en était le curé-archiprêtre, M. Liautard, fondateur du collège Stanislas, le restaurateur de 17 séminaires. Ce nom, mes frères, rappelle un de ces hommes d'un esprit supérieur, d'une intelligence à hautes et larges vues, d'une sagesse rare, d'une prudence consommée, qui imposent tout de suite le respect et l'admiration. C'était aussi un noble cœur, comme le proclament avec enthousiasme tous ceux qui l'ont approché, tous ceux qui l'ont connu.

C'est une bénédiction de rencontrer, dans la vie, un homme de ce caractère, et surtout d'en être le familier.

M. Oudry aborda peut-être en tremblant M. Liautard ; mais il eut bientôt conquis son estime et sa confiance, et sous la direction de ce prêtre éminent, le nouveau vicaire s'appliqua de mieux en mieux aux œuvres multipliées du sacerdoce. Votre curé, mes frères, se félicite à bon droit d'avoir connu intimement ce curé de Fontainebleau, si distingué sous tant de rapports ; il n'hésite pas à reconnaître qu'il a été, près de lui, à bonne école pour apprendre à observer utilement les hommes, à les juger exactement et à traiter avec chacun d'eux selon leur caractère et leurs aptitudes, et, toujours, avec une urbanité exquise.

Que vous dire du saint ministère exercé à Fontainebleau par M. Oudry, pendant dix ans ? Mille voix s'élèvent encore (je le sais) du sein de cette ville, pour chanter ses louanges, rappeler les malades qu'il a assistés et réconciliés avec Dieu, les pécheurs qu'il a éclairés, les affligés qu'il a consolés !

Par quel dévouement a-t-il signalé les fonctions qui lui furent confiées de chapelain du couvent et du pensionnat des sœurs de Saint-Joseph de Cluny ! La prospérité de cet établissement fut florissante sous son règne, si je puis m'exprimer ainsi, et de là sont sortis successivement des essaims de jeunes chrétiennes, suffisamment instruites et fermement décidées à donner le bon exemple dans leurs paroisses. Maîtresses et élèves chérissaient à l'envi le *père Oudry*, comme on l'appelait, parce qu'on le trouvait toujours bon, toujours plein de zèle pour le bien des âmes. Ce n'était jamais en vain qu'on avait recours à sa charité obligeante, et la congrégation de Saint-Joseph garde bonne mémoire de plus d'un important service.

Enfin, le moment est venu pour notre digne confrère d'administrer avec une entière responsabilité une paroisse importante. Mgr Allou le nomme curé-doyen de Moret le 2 décembre 1849.

Là, se montre tout de suite le *bon pasteur*. Sa première préoccupation, c'est de connaître le troupeau dont les intérêts spirituels lui sont confiés. Il veut visiter chaque maison, s'entretenir avec les chefs de famille et se montrer à tous pour n'être pas un étranger au milieu de sa paroisse.

Appuyé sur un jeune et vaillant vicaire, émule de son zèle, il va de maison en maison et y porte partout, avec le meilleur visage, de bonnes paroles qui lui gagnent les cœurs.

La confiance s'établit entre le Pasteur et les paroissiens... Mais hélas! c'est pour découvrir de grandes misères! Des unions nombreuses n'avaient pas reçu la bénédiction de l'Église. Le Bon Pasteur parle de Dieu, de Jésus-Christ, de sa religion, des sacrements. Il y met tout son cœur si bon, si charitable; il est écouté, il persuade et l'église voit bientôt, en un même jour, vingt-huit couples, bravant tout respect humain, venir faire consacrer et bénir leurs mariages purement civils.

Ce fut un véritable triomphe.

Un bon prêtre ne peut voir sans en être attristé, la maison de Dieu dans un état de malpropreté et de dégradation. Offrir le sacrifice de la messe (la plus auguste action qui s'accomplit ici-bas) sur un

autel en ruines, c'est pour l'abbé Oudry le sujet
d'une douleur amère. Deux ans de séjour à Moret
lui ont suffi pour les plus heureux changements.
Déjà l'église avait subi une restauration importante ; le sanctuaire était orné et le saint sacrifice
était offert sur un autel monumental.

Un objet de sa sollicitude fut l'éducation chrétienne
des enfants. Pour seconder son ministère, il fit
appel au zèle des sœurs de Saint-Joseph, dont il
avait pu apprécier l'intelligence et le dévouement.
Elles ouvrirent, au prix de tout sacrifice, un asile
et une école pour la première enfance.

L'œuvre de Dieu marchait avec un entrain, disons
même, avec un succès qui donnaient les plus heu-
reuses espérances.

La volonté de Dieu avait d'autres vues sur
M. Oudry, vues de miséricorde pour vous, habitants
privilégiés de Lagny. Par une inspiration du ciel en
votre faveur, Mgr Allou crut devoir transférer le
curé de Moret à la cure de votre ville. — C'était en
décembre 1854. — L'obéissance a toujours été la
règle de conduite de l'abbé Oudry : il s'était donné
corps et âme à la paroisse de Moret... Un autre
continuera ses œuvres. A la voix de son évêque,
il vient ici avec le même esprit de dévouement.
C'est également de tout son cœur qu'il s'est donné
à vous, pour accomplir au milieu de vous la charge
du sacerdoce dont il est honoré, l'œuvre indivisible de
la gloire de Dieu et de la sanctification des âmes.

Et voilà trente-cinq ans qu'il y travaille sans jamais défaillir! Voilà trente-cinq ans qu'après vous avoir dotés d'un pensionnat de jeunes garçons, une des gloires de votre pays, d'un pensionnat de jeunes filles devenu si florissant sous la conduite des sœurs de Saint-Joseph; après avoir assuré aux malades des infirmières intelligentes et dévouées dans les *Sœurs de Bon-Secours*; après avoir contribué, par ses conseils de Pasteur, à l'érection d'un *Hospice* si bien établi, si bien pourvu, *consumé d'un zèle ardent pour la maison de Dieu*, il a voulu la faire toute belle, toute riche, toute digne, en un mot, du Sauveur Jésus qui l'habite.

Plus je regarde, plus j'admire.

Où donc, cher et vénéré confrère, avez-vous trouvé les ressources nécessaires pour cette œuvre vraiment gigantesque?

— Votre pasteur, mes frères, a-t-il frappé chacun de ses paroissiens de contributions extraordinaires? Vous a-t-il fatigués d'un appel continu à votre générosité, à vos trésors?

Je l'interroge lui-même dans l'épanchement des conversations intimes de l'amitié...

« En vérité, *répond-il avec une véritable candeur*: je ne sais comment j'ai pu réussir au gré de mes désirs. J'ai demandé, sans doute, mais avec discrétion et sagesse; j'ai fait valoir de mon mieux l'excellence de la bonne œuvre; combien seraient agréées de Notre-Seigneur Jésus-Christ les of-

frandes destinées à embellir sa maison, et elles
sont venues, larges, abondantes, précieuses. Dieu
qui tient dans sa main tous les cœurs des hommes,
les a doucement inclinés par sa grâce à des géné-
rosités dont je ne saurais trop le bénir. »

Et voilà que les autels du sacrifice sont re-
nouvelés à la chapelle de la sainte Vierge et dans
le sanctuaire ; voilà que tous les arts concourent
à l'envi à changer, de la voûte au pavé, la maison
du Seigneur. Des verrières brillantes font lire à
tous les regards les mystères de notre foi, les faits
de l'histoire sacrée, de l'histoire même locale (1).
C'est une transformation complète ; et puis, ce sont
des cloches nouvelles qui charment vos oreilles en
vous rappelant votre grand devoir du dimanche et
des fêtes ; ce sont des orgues d'une bonne facture,
dont les accents harmonieux ajoutent à la majesté
des cérémonies saintes.

Oui, la transformation est complète, et l'église
de Lagny, si magnifiquement commencée par
les moines de Saint-Furcy, est devenue un de nos
plus beaux monuments religieux.

Ah ! que n'est-il donné à l'homme, à votre cher Pasteur, une vie de patriarche des anciens temps ; l'œuvre des religieux bénédictins ne serait pas seulement
embellie, mais continuée, achevée pour prendre son
rang d'honneur parmi nos plus belles cathédrales.

Et pourquoi toutes ces entreprises amenées à si

(1) Jeanne d'Arc, à Lagny, ressuscite un enfant. 14 septembre 1429.

bonne fin par les soins intelligents de votre curé?

Ce n'est pas seulement son zèle pour la décoration du temple matériel qui l'anime !

Vos âmes, mes chers frères, vos âmes, voilà ce qu'il aime par-dessus tout ; voilà l'objet capital de son zèle. Il voudrait vous attirer ici pour les conquérir et les donner à Dieu.

Telle est son œuvre de prédilection ; voilà pourquoi il vous invite, il vous presse, il vous environne et vous comble de sa charité.

C'est ce qui lui inspire encore, chaque année, au retour des fêtes pascales, de la première Communion et du Mois de Marie, de réclamer le concours des meilleurs prédicateurs, pour vous faire entendre de leur bouche éloquente les graves enseignements de la Religion dont vous perdez trop la mémoire. Les fils de saint Dominique, de saint Benoît, de saint Ignace ne viennent-ils pas tour à tour, à son appel, vous faire ressouvenir, par leur parole entraînante, qu'il faut servir Dieu, vous attacher à Jésus-Christ et à sa loi sainte et sauver à tout prix votre âme immortelle ?

N'est-il pas tout à vous ? Douteriez-vous de sa charité, de son dévouement, même pour vos intérêts temporels ?

Serait-il nécessaire de vous rappeler ces jours de la grande désolation de notre France envahie par les hordes étrangères, foulée pour ainsi dire aux pieds d'un impitoyable vainqueur ?...

— Vous surtout, vous avez eu à souffrir de toutes manières ? — Qui, dans ces temps si mauvais, a été votre consolateur, le défenseur le plus zélé de tous vos intérêts? Qui a su imposer quelques bornes à la colère, à la rapacité de ceux que la victoire infidèle avait faits nos maîtres ?

Qui, mes frères ?... — Votre pasteur. Dieu a donné grâce à son dévouement pour vous, à toutes ses industries. Il n'a pas fléchi devant la force brutale : il lui a toujours opposé la grande force de sa charité, et Dieu qui l'éclairait, Dieu qui le soutenait, Dieu seul sait tout ce qu'il a pu vous épargner de désastres et de douleurs.

Homme de Dieu toujours, il a toujours été aussi l'*homme de ses frères*, de ses paroissiens, pour les aimer et les servir en toutes circonstances.

Il peut donc, après les cinquante années de son ministère sacerdotal, regarder en arrière sans reproche pour le passé, sans peur pour l'avenir. Dieu a trouvé son serviteur fidèle à tous ses devoirs et Dieu a été fidèle à bénir son serviteur et son ministre. Il peut désormais attendre avec confiance la couronne de la fidélité que l'Esprit-Saint nous permet d'appeler *la Couronne de justice*.

Mais, ô Dieu infiniment bon, laissez-le encore longtemps faire du bien, convertir ses paroissiens, nous édifier tous et réjouir sa famille !

Comprenez-vous maintenant pourquoi nous célébrons avec tant de solennité cette Cinquantaine :

pourquoi nous éclatons en chants d'allégresse, en transports de reconnaissance ?

Ah ! comme le roi David, votre pasteur, étonné lui-même de tout le bien que le Seigneur a daigné opérer par son ministère, voudrait que toutes les créatures prissent une voix retentissante pour bénir son saint nom et redire ses bienfaits.

« Anges saints, louez, bénissez pour nous le Seigneur ! Soleil, lune, étoiles du ciel, bénissez-Le ! Bénissez-Le, arbres de nos jardins, arbres de nos collines ! Bénissez-Le avec nous, peuples et princes des peuples ! » (Ps. 148.)

Toutes les créatures sont impuissantes comme nous, mes frères, à exalter dignement le Seigneur et son saint nom. Heureusement, *nous avons un autel* où s'offre une Hostie d'agréable odeur, un sacrifice parfait d'actions de grâces comme de propitiation. Votre Pasteur l'a offert ce matin pour vous, chers paroissiens, avec la ferveur du beau jour de sa première messe que cet anniversaire lui rappelle. Le révérendissime père Abbé va l'offrir encore en votre présence, cet adorable sacrifice qui seul a la vertu d'acquitter toutes nos dettes : unissons-nous tous à Lui de toutes les puissances de notre âme.

Laissez-moi vous le dire en terminant : Dieu demande de votre reconnaissance, chers paroissiens de Lagny, un autre témoignage et votre bien-aimé Pasteur vous le demande lui-même avec instance.

Si quelque nuage a mêlé, dans son esprit, quelque ombre à la joyeuse splendeur de ce beau jour, c'est qu'il sait trop que vous n'êtes pas tous de fidèles serviteurs de Dieu.

Donc, aujourd'hui que la reconnaissance vous parle, n'*endurcissez pas vos cœurs* sous ses impressions bienfaisantes.

Rappelez-vous, mieux que jamais, que vous êtes chrétiens, enfants de Dieu et de la sainte Eglise catholique, et qu'il faut vivre en chrétiens. Votre Pasteur vous l'a dit souvent depuis 35 ans : c'est son grand devoir de vous le redire ; il n'y manquera pas.

Ne sortez donc pas de l'église, dans ce jour mémorable, sans vouloir le réjouir, en prenant la résolution de vous rattacher à Dieu, sincèrement et complètement, par la pratique de tous les devoirs que la Religion impose.

O mes frères, il faut vivre et mourir en chrétiens, pour avoir le doux espoir de se retrouver tous, un jour, Pasteur et paroissiens, dans l'éternelle et bienheureuse réunion du Paradis de Dieu.

Amen.

TABLE DES MATIÈRES